신기한 스쿨버스

신기한 스쿨버스

❺ 바닷속으로 들어가다

조애너 콜 글 · **브루스 디건** 그림 | 이연수 옮김 | 서울초등기초과학연구회 감수

비룡소

신기한 스쿨버스

❺ 바닷속으로 들어가다

1판 1쇄 펴냄 — 1999년 10월 1일, 1판 57쇄 펴냄 — 2017년 7월 4일
2판 1쇄 펴냄 — 2018년 11월 15일, 2판 2쇄 펴냄 — 2020년 5월 21일

글쓴이 조애너 콜 **그린이** 브루스 디건 **옮긴이** 이연수 **감수** 서울초등기초과학연구회
펴낸이 박상희 **편집** 전지선 **디자인** 정다울 **펴낸곳** ㈜비룡소
출판등록 1994. 3. 17.(제16–849호) **주소** 06027 서울시 강남구 도산대로1길 62 강남출판문화센터 4층
전화 영업 02)515–2000 팩스 02)515–2007 편집 02)3443–4318,9 **홈페이지** www.bir.co.kr
제품명 어린이용 각양장 도서 **제조자명** ㈜비룡소 **제조국명** 대한민국 **사용연령** 3세 이상

The Magic School Bus®: On the Ocean Floor by Joanna Cole and illustrated by Bruce Degen
Text Copyright ©1992 by Joanna Cole
Illustrations Copyright ©1992 by Bruce Degen
All rights reserved and/or logos are trademarks and registered trademarks of Scholastic, Inc.
Korean Translation Copyright © 1999 by BIR Publishing Co., Ltd.
Korean translation edition is published by arrangement with
Scholastic Inc., 555 Broadway, New York, NY 10012, USA through KCC.
Scholastic, THE MAGIC SCHOOL BUS®, 신기한 스쿨버스™
and/or logos are trademarks and registered trademarks of Scholastic, Inc.

이 책의 한국어판 저작권은 KCC를 통해 Scholastic, Inc.와 독점 계약한 ㈜비룡소에 있습니다.
저작권법으로 한국 내에서 보호를 받는 저작물이므로 무단 전재와 무단 복제를 금합니다.

ISBN 978-89-491-5405-3 74400/ ISBN 978-89-491-5413-8(세트)

이 도서의 국립중앙도서관 출판예정도서목록(CIP)은 서지정보유통지원시스템 홈페이지(http://seoji.nl.go.kr)와
국가자료공동목록시스템(http://www.nl.go.kr/kolisnet)에서 이용하실 수 있습니다.(CIP제어번호: CIP2018031625)

이 책에 처음 나오는 바다의 동식물 이름은
분홍색 이름표 안에 적어 놓았어요.

이 책에 도움을 준
코네티컷주립대학 해양과학연구소 해양과학과
존 벅 교수님께 감사드립니다.

유익한 자문을 해 준 전미과학재단 수산 스나이더 박사님과 마이클 리브 박사님,
볼링그린주립대학 해양생물학과 신디 스통 교수님과 맥스웰 코엔 교수님,
그리고 볼티모어 국립수족관 직원들, 코네티컷주 뉴런던 템스 과학 연구소,
미국 자연사박물관 여러분께 감사드립니다.

그러자 프리즐 선생님이 고개를 들며 말했어요.
"여러분, 사실은 내일 바다로 현장 학습을 갈 계획이었어요."
그 말에 모두들 기뻐서 어쩔 줄 몰랐죠.
담임 선생님이 괴짜라서 좋을 때가 있네요.

버스 창문 밖으로 조수 웅덩이가 보였어요. 그 웅덩이는 조간대에서만 생겨요. 밀물 때는 잠겼다가 썰물 때에 남은 바닷물이 고여 있는 곳이죠. 우리는 여기서 놀고 싶었지만, 그런 행운이 있을 리가 없었죠. 선생님은 속력을 더 높여 운전했어요.

현재 위치
조수 웅덩이
밀물
썰물
조간대
프리즐호

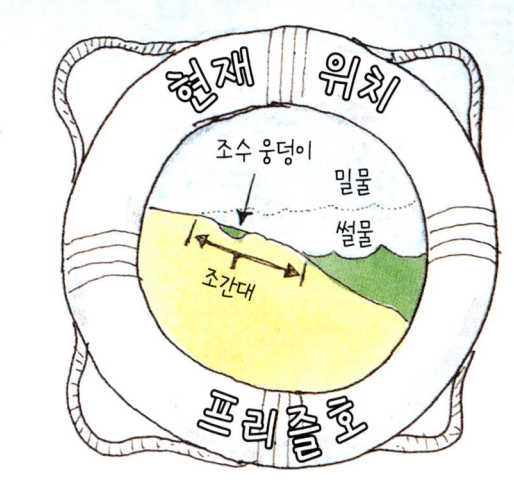

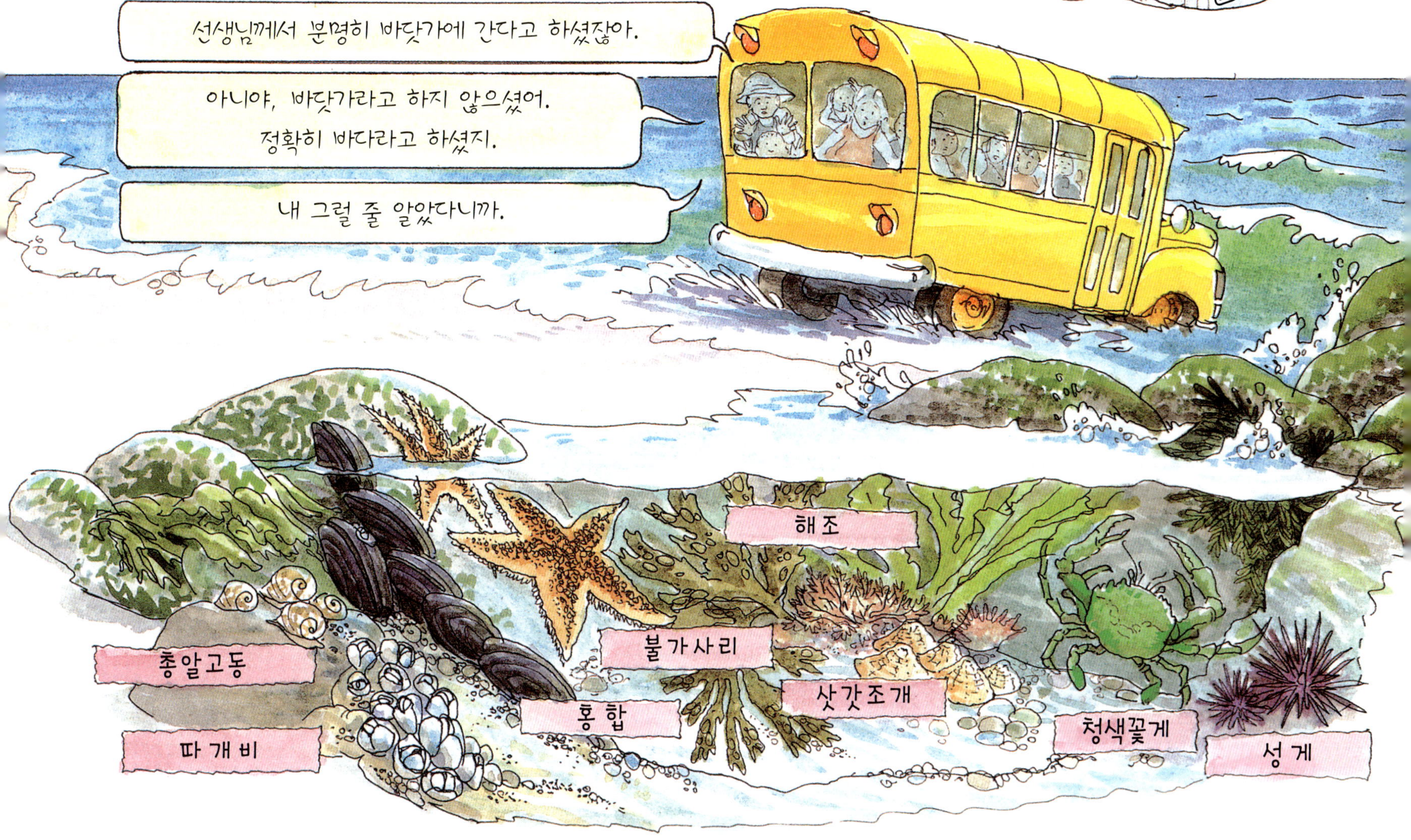

선생님께서 분명히 바닷가에 간다고 하셨잖아.
아니야, 바닷가라고 하지 않으셨어. 정확히 바다라고 하셨지.
내 그럴 줄 알았다니까.
해조
불가사리
총알고둥
홍합
삿갓조개
따개비
청색꽃게
성게

열수구란 무엇일까요?
— 알렉스

바다 밑바닥에 있는 틈 속으로 바닷물이 스며들어 갑니다. 스며든 바닷물은 땅속에 있는 매우 뜨거운 바위에 닿습니다. 그러면 물이 뜨거워져 바다 밑바닥에 난 틈으로 뿜어져 나옵니다. 이 틈을 열수구라고 합니다.

열수구에서 생물이 살 수 있는 이유
— 셜리

열수구에서 나오는 열 에너지와 황화수소 기체를 이용해서 살아가는 특이한 박테리아가 있습니다. 열수구 주위에 사는 생물은 이 박테리아를 먹으며 삽니다.

갑자기 우리 눈앞에 다양한 생물이 가득했어요. 마치 온갖 이상한 생물을 한데 모아 둔 바닷속 정원 같았지요. 프리즐 선생님이 말했어요.

"여러분, 바다 밑바닥에 틈이 나 있죠? 이곳이 열수구예요. 열수구에서 흘러나오는 물은 아주 뜨겁답니다. 그 물에는 솟구치는 기체도 녹아 있어요."

> 열수구에는 커다란 생물이 살 수 있을 만큼 먹이가 풍부하답니다.

> 저 거대한 관벌레는 엄청나게 큰 립스틱처럼 생겼군.

대합 (30.5센티미터 이상)

관벌레 (2.4~3미터)

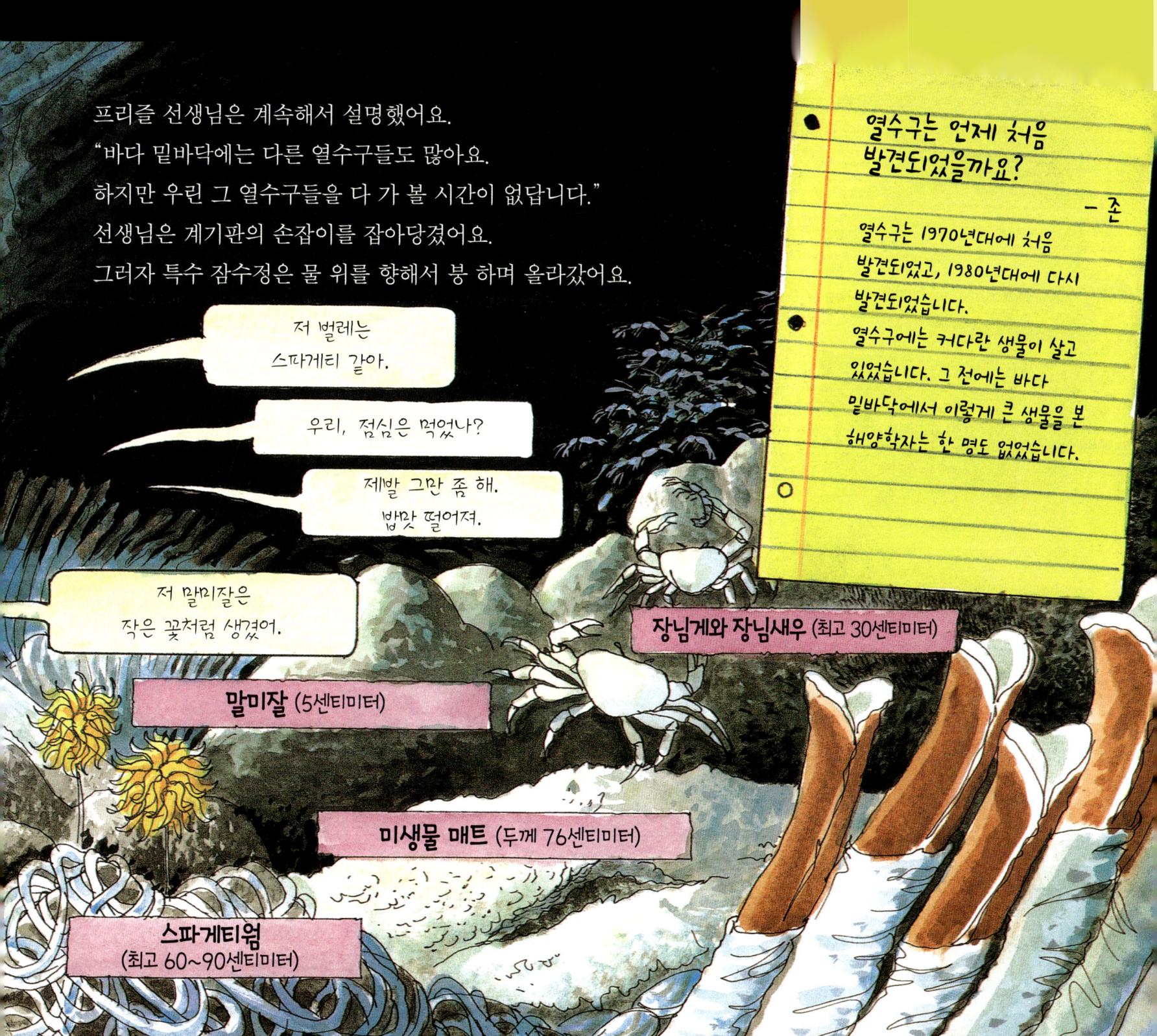

우리는 곧 넓은 바다로 나가 햇빛이 아주 잘 드는 섬으로 향했어요.
특수 잠수정은 벌써 바닥이 유리로 된 배로 변신해 있었죠.
유리 바닥 아래로 알록달록한 바위 벽 같은 것이 보였지요.
프리즐 선생님은 우리가 보고 있는 것이 산호초라고 말했어요.
우리는 배 밖으로 뛰어내려 탐험을 시작했어요.

멀리 헤엄쳐 가면 안 돼! 아직 너희의 구조는 끝난 게 아니니까!

아저씨, 구조는 언제 시작됐죠?

아저씬 지금 최선을 다하고 있는 거야.

바다조름

우리가 입고 있던 잠수복은 어느새 사라졌어요.
스쿨버스도 원래대로 돌아왔고요.
스쿨버스는 아무 일도 없었다는 듯이
주차장에 서 있었답니다.
우리는 레니 아저씨 아저씨한테 고맙다고 말한 다음
바닷가를 떠났어요.

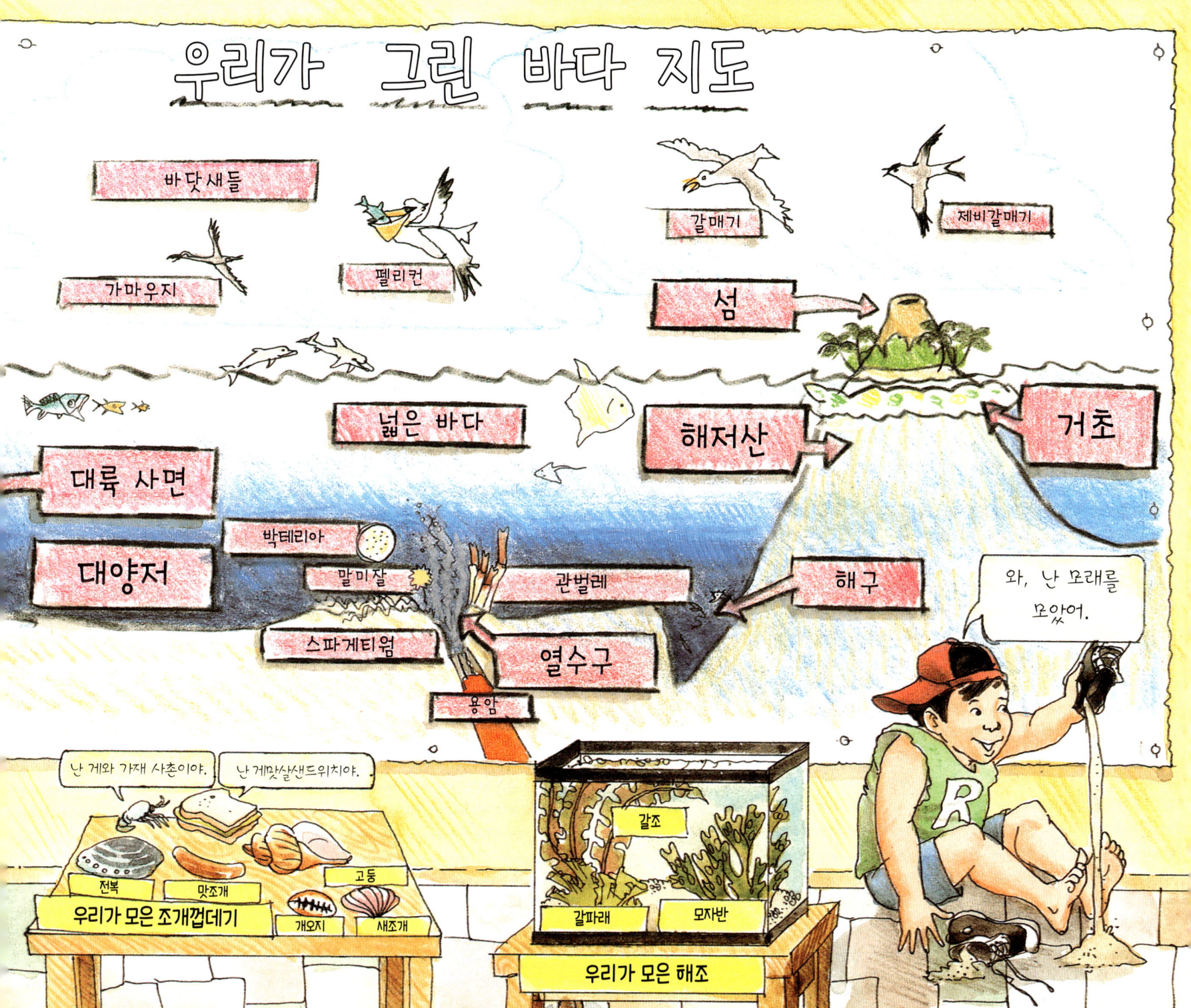

알아맞혀 보세요

아래 문제를 읽고 나서 정답을 골라 보세요.
몇 번이 정답일까요? 정답이 궁금하면 다음 페이지를 보세요.

문제:
1 실제로 버스를 운전해 바닷속으로 들어가면 어떻게 될까요?
① 버스가 잠수함으로 변신하고, 다음에는 깊은 바닷속을 탐색하는 특수 잠수정으로 변신하고, 그다음에는 바닥이 유리로 된 배로 변신하고, 마지막으로 서프보드로 변신합니다.
② 버스가 물속에 빠집니다.
③ 버스가 고무 오리 배로 변신합니다.

2 하루 동안 바다를 탐험할 수 있을까요?
① 탐험할 수 있습니다. 큰 조개를 타면 됩니다.
② 탐험할 수 없습니다. 바다를 탐험하려면 어떤 것을 타더라도 적어도 몇 달 이상 걸립니다.
③ 탐험할 수도 있습니다. 하루가 얼마나 긴가에 따라 달라집니다.

3 바다 동물들은 실제로 말할 수 있을까요?
① 말할 수 있습니다. 그런데 꼭 할 말이 있을 때에만 말합니다.
② 말할 수 있습니다. 그런데 말할 때에 입에서 물방울이 너무 많이 나옵니다.
③ 말할 수 없습니다. 바다 동물들은 말을 못 합니다.

어떤 답이 맞고 틀리는지 맞혀 보세요. 또 그럴 듯한 답도 찾아보세요!

정답:

1 정답은 ❷번입니다. 버스가 마술처럼 다른 것으로 변할 수는 없습니다. 또 바다 밑바닥을 달릴 수도 없습니다. 바다 밑바닥에 가면 버스 안쪽으로 물이 들어와서 버스가 가라앉고 맙니다.

2 정답은 ❷번입니다. 물속을 수천 킬로미터씩 여행하려면 시간이 많이 걸립니다. 심지어 고래도 다른 곳으로 이동할 때에는 몇 달씩 걸립니다.

3 정답은 ❸번입니다. 물론 소리를 내는 물고기도 많습니다. 또 고래나 돌고래는 특별한 방법으로 의사소통을 합니다. 하지만 바다 동물들은 우리가 쓰는 언어로 말하지는 못합니다. 불가사리가 우스갯소리 하는 것을 들어 본 사람은 없습니다.

신기한 과학 암기 카드 게임을 해 보자!

❶ 캐릭터가 크게 그려진 쪽이 보이게 카드를 흩트려 놓고, 가위바위보를 한다.
❷ 이긴 사람이 'Q' 카드 중 한 장을 골라 질문을 크게 읽는다.
❸ 그런 다음, 'A' 카드도 한 장 골라 답을 크게 읽는다.

바다코끼리
꼭 하고 싶은 말: 저랑 바다표범, 바다사자를 구분해 주세요!

조사한 어린이는 팀!
바위 안에 들어 있던 소금이 바닷물로 흘러들어 가기 때문이지.

스쿨버스
하고 싶은 일: 프리즐 선생님으로 변신해 보고 싶다.

지구에는 6개의 대륙이 있어. 자, 이 육대주의 이름이 뭘까?

프리즐 선생님
나이: 20~200살 사이.
패션: 갖가지 무늬의 원피스.

달과 태양이 지구를 끌어당기는 힘, 즉 물체끼리 끌어당기는 인력이 답이지.
그 힘에 의해 밀물과 썰물이 생긴단다.

레니 아저씨
직업: 구조대원
특기: 자랑하기, 큰소리치기.

밀물과 썰물이 생기는 건 어떤 힘 때문일까?

갈매기
좋아하는 음식: 작은 물고기, 새우깡.

대합, 군소, 파랑쥐치, 흰동가리.
아니면 펄닭새우, 문어, 거미불가사리도 있다고.
(사실 산호초에 사는 생물은 종류가 무려 1,000가지나 된대.)

고래상어
좋아하는 사람: 프리즐 선생님. 선생님만 보면 꼬리를 살랑살랑!

상어의 종류를 3가지만 얘기해 봐.

❹ 그 답이 질문에 알맞은 답이면 'Q'와 'A' 카드를 모두 가져오고, 'Q' 카드를 다시 한 장 고른다.
❺ 틀린 답이면 'Q'와 'A' 카드를 모두 캐릭터가 크게 그려진 쪽이 보이게 내려놓는다.
❻ ②~⑤를 반복한다.
❼ 질문인 'Q' 카드와 그에 알맞은 답인 'A' 카드를 짝지어 3쌍의 카드를 먼저 가지는 쪽이 승리!

바다달팽이

갈매기

향유고래

 문어
특징: 다리가 8개. 잘 세어 봐.

사람의 몸에는 공기에서 산소를 빨아들이는 폐가 있어. 그럼 물고기가 물속에서 산소를 빨아들일 수 있도록 하는 기관은 무얼까?

신기한 스쿨버스 ❺

 **넙치**
바닷속 친구들에게: 미모 대결은 언제나 환영입니다!

아시아, 유럽, 아프리카, 오세아니아, 북아메리카, 남아메리카!

신기한 스쿨버스 ❺

 리즈
팬들에게 한마디: 제 피부의 비결은 초록색 시금치랍니다!

바닷물의 소금은 대부분 바위에서 나온대. 바닷물이 짠 이유를 조사한 아이는 누구지?

신기한 스쿨버스 ❺

 **큰돌고래**
지능: 무려 IQ 70~80. 어린이의 지능과 비슷하다는 소문이 있음.

백상아리, 귀상어, 환도상어! 수영상어나 고래상어, 뱀상어도 있어.
상어의 종류는 정말 많으니까 인터넷에서 검색을 해 봐도 좋아.

신기한 스쿨버스 ❺

 펠리컨
특기: 부리가 커서 한입 가득 많이 먹을 수 있음.

산호초에 사는 생물 이름 5개 대기!

신기한 스쿨버스 ❺

 아널드
가장 좋아하는 시간: 현장 학습 끝날 때. 야호! 집에 간다.

아, 아, 아, 아!
아가미.

신기한 스쿨버스 ❺

글쓴이 **조애너 콜**

어린 시절 벌레, 곤충을 다룬 책들을 즐겨 읽는 과학 소녀였습니다. 초등학교 교사, 사서, 어린이 책 편집자로 일하다가, 어린이 문학과 과학 지식을 결합한 어린이 책을 쓰기로 결심했습니다. 첫 번째 책 『바퀴벌레』를 시작으로 90권이 넘는 책을 펴냈습니다. 그중 가장 널리 알려진 「신기한 스쿨버스」 시리즈로 워싱턴 포스트 논픽션 상, 데이비드 맥코드 문학상 등 많은 상을 받았습니다.

그린이 **브루스 디건**

미국 뉴욕 쿠퍼 유니언 대학과 프라트 대학에서 일러스트를 공부했습니다. 「신기한 스쿨버스」 시리즈를 비롯해 「프리즐 선생님의 신기한 역사 여행」 시리즈, 「토드 선장」 시리즈 등 40권이 넘는 어린이 책에 그림을 그렸습니다.

옮긴이 **이연수**

서울대학교 천문학과를 졸업하고 지금은 과학 관련 도서를 번역하고 있습니다.

감수 **서울초등기초과학연구회**

서울시 교육청 관내 초등교사 100여 명이 모인 연구회로, 과학책을 편찬하고 교육 프로그램을 개발하여 현장에 적용하고 있습니다. 특히 한국연구재단과 함께 '금요일의 과학터치' 사업을 10년째 운영하며, 초등 과학 교육의 대중화에 앞장서고 있습니다.

전 세계 1억, 국내 1천만의 신화, 어린이 과학책의 베스트셀러

신기한 스쿨버스™ 시리즈

신기한 스쿨버스™ 키즈 (전 30권)
조애너 콜 글·브루스 디건 그림 | 이강환, 이현주 옮김 | 6세 이상
우리 아이의 첫 과학 그림책. 아이가 좋아하는 내용으로 **과학 호기심이 쑥쑥**.

과학탐험대 신기한 스쿨버스™ (전 10권)
조애너 콜 외 글·브루스 디건 외 그림 | 이한음 외 옮김 | 7세 이상
혼자 읽기 좋은 과학 동화. 읽기 적당한 분량으로 **과학과 책 읽기에 자신감이 쑥쑥**.

신기한 스쿨버스™ (전 12권)
조애너 콜 글·브루스 디건 그림 | 이강환, 이연수 옮김 | 8세 이상
전 세계에서 사랑받는 과학책의 베스트셀러. 더 많은 정보로 **과학 이해력이 쑥쑥**.